L'annam

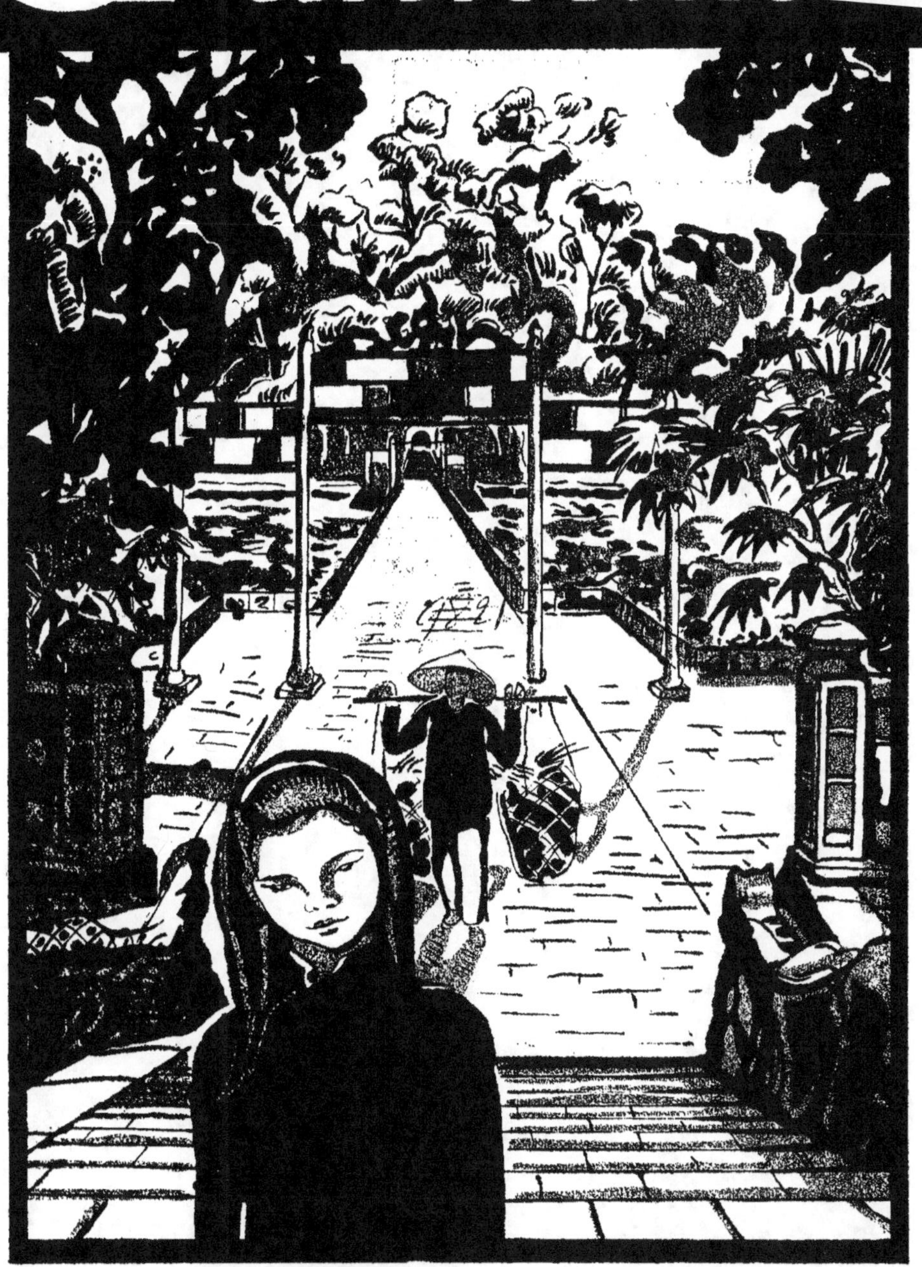

à la FOIRE de HANOI

PRODUITS

DE

L'ANNAM

Illustrations d'A. DE FAUTEREAU

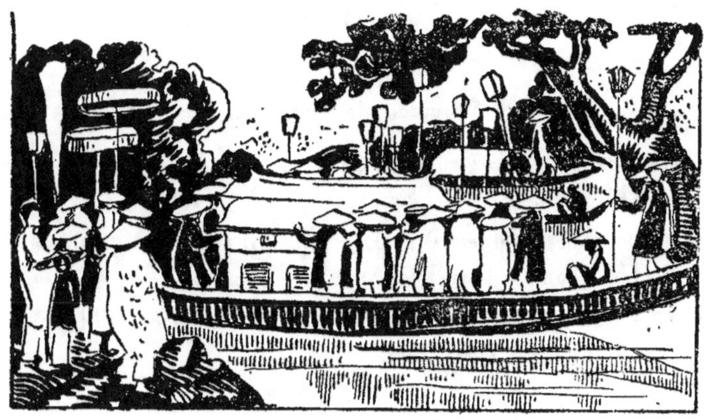

GROUPE I

□ □ □

SOIES ET COTONNADES

□ □ □

Province de Thanh-Hoa

CRÉPON *à 20 $ la pièce.* — Lê-van-Dô à Thiêu-Hoa.

TOILE BLANCHE *à 1 $ 30 et 1 $ 20 la pièce.* — Dang-Thi-Thai à Hoàng-Hoa.

COTONNADE *à 0 $ 90 la pièce.* — Cao-Thi-Dua à Hoàng-Hoa.

ECHARPES MUONG *à 6 $ 50 et 7 $ 50 la pièce.* — Hà-Van-Ich à Quan-Hoa.

Province de Hà-tinh

SOIE PORTIÈRE *à 12 $ la pièce.* — Lê-Vinh à Vinh-Hoà.

Province de Quang-tri

CRÉPON GRANITÉ *largeur* 0 m. 65 à 45 $ *la pièce.* — Nguyên-Thi-Thang à Cua-Tùng.

CRÉPON GAUFRÉ *largeur* 0 m 65 à 43 $ 20 *la pièce.* — Nguyên-Thi-Thang à Cua-Tùng.

SOIE 1re QUALITÉ largeur 0 m 80 à 32 $ 40 *la pièce.* — Nguyên-Thi-Thang à Cua-Tùng.

SOIE ORDINAIRE *larg.* 0 m 40 à 16 $ 20 *la pièce.* — Nguyên-Thi-Thang à Cua-Tung.

TUSSOR 1re QUAL., *largeur* 0 m 60 à 19 $ 80 *la pièce de* 18 m. — Nguyên-Thi-Thang à Cua-Tùng.

TUSSOR 2e QUAL., *largeur* 0 m 40 à 10 $ 80 *la pièce de* 18 m. — Nguyên-Thi-Thang à Cua-Tùng.

TOILE BLANCHE, *largeur* 0 m 33 à 1 $ 80 *la pièce de* 18 m. — Thi-Danh à Qui-Thiên (Huyên de Hai-Lang).

Province de Thua-Thiên

SOIE NOIRE *de Kim-Lông* à 5 $ *la pièce de* 10 *thuôc.* — Nguyên--Tuê à Bach-Hô près Huê.

Province de Quang-Nam

SOIE A FLEURS, *largeur* 0 m 45, 13 $ *la pièce de* 17 m 50. — Nguyên-Hoè à Hà-Mât (Phu de Diên-Bàn).

SATIN GRANITÉ, *larg.* 0 m 44 à 5 $ 50 *la pièce de* 6 m. 80. — Nguyên-Hoè à Hà-Mât (Phu de Diên-Bàn).

SATIN BLANC A FLEURS, *larg.* 0 m 44 à 6 $ *la pièce de* 7 m 50. — Nguyên-Kinh à Thuong-Lôc (Phu de Diên-Bàn).

SOIE GRANITÉE, *larg.* 0 m 39 à 9$ *la pièce de* 17 m. — Luong-Sung à Ma-Châu-Thành (Duy-Xuyên).

Soie granitée, *larg.* 0 m 39 à 10 $ *la pièce de* 18 m 70. — Truong-Chu à Thi-Lai-Tây (Huyên de Duy-Xuyên).

Soie extra blanche, *larg.* 0 m 39 à 10 $ *la pièce de* 17 m. — Truong-Chu à Thi-Lai-Tây (Huyên de Duy-Xuyên).

Soie blanche ordinaire, *larg.* 0 m 38 à 6 $ *la pièce de* 16 m. — Luong-Sung à Ma-Châu-Thành (Huyên de Duy-Xuyên)

Province de Binh-dinh

Etamine a fleurs *à* 20 $ *la pièce de* 20 *mètres.* — Truong-Hiên au village de Thanh-Xuân (Hoài-Nhon).

Crépon a fleurs *à* 22 $ *la pièce de* 20 *mètres.* — Truong Hiên au village de Thanh-Xuân (Hoài-Nhon).

Crépon de Quinhon *à* 46 $ *la pièce.* — Nguyên-Tân au village de Phuong-Danh (An-Nhon).

Filoselle *à* 11 $ *la pièce.* — Nguyên-Nhuê au village de Thanh-Danh (An-Nhon).

Province de Phu-yên

Soie tissée 5 couleurs dite « Gam », *larg.* 0 m 60 à 42 $ *le rouleau de* 5 m. — Vo-Trung au village de Ngân-Son (Tuy-An).

Soie tissée 5 couleurs motifs « Dragon », *larg.* 0 m 40 à 15 $ *le rouleau de* 5 *mètres.* — Vo-Trung au village de Ngân-Son (Tuy-An).

Soie tissée 5 couleurs motifs caractères, *larg.* 0 m 40 à 13 $ *le rouleau de* 5 *mètres.* — Vo-Trung au village de Ngân-Son (Tuy-An).

Soie brochée blanche motifs caractères, *larg.* 0 m 45 à 3 $ 60 *le rouleau de* 6 *mètres.* — Vo-Trung au village de Ngân-Son (Tuy-An).

SOIE TRANSPARENTE BROCHÉE BLEUE, MOTIFS FLEURS ET CA-
RACTÈRES, *larg.* 0 m. 45 à 9 $ *le rouleau de 6 mètres.* —
Vo-Trung au village de Ngân-Son (Tuy-An).

SATIN JAUNE, *larg.* 0 m 40 à 4 $ 80 *le rouleau de 8 mètres.* —
Trân-Ba à Go-Duôi (Dông-Xuân).

SATIN BLANC, *larg.* 0 m 40 à 5 $ *le rouleau de 8 mètres.* —
Trân-Ba à Go-Duôi (Dông-Xuân).

SOIE NOIRE A FLEURS, *larg.* 0 m 40 à 5 $ 50 *le rouleau de 8
mètres.* — Trân-Ba à Go-Duôi (Dông-Xuân).

SOIE BLANCHE A RAYURES, *larg.* 0 m 80 à 16 $ *le rouleau de
8 mètres.* — Phan-Tu à Dông-Binh (Tuy-Hoà).

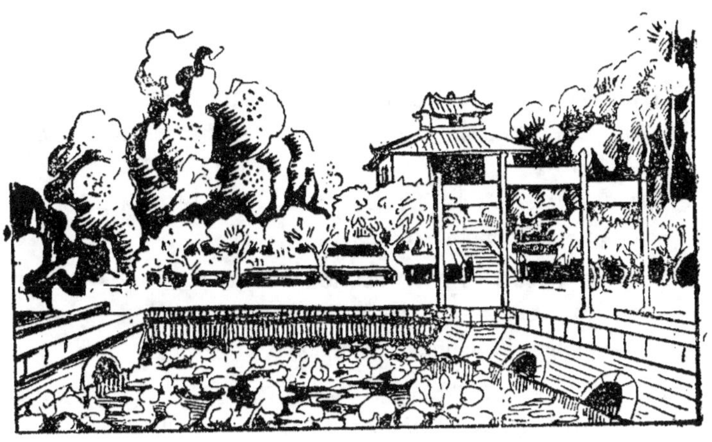

GROUPE II

□ □ □

BOIS ET SCULPTURE SUR BOIS

□ □ □

Province de Thanh-hoa.

PARAVENT SCULPTÉ *à* 25 $ *la pièce*. — Maison Hop-Thai à Thanh-Hoa.

TABATIÈRES BOIS TOURNÉ *à* 0 $20 , 0 $ 30 *et* 0 $ 60 *la pièce*. — Vi-Vân-Mân à Nhu-Xuân.

PIPE A EAU *à* 4 $ *la pièce*. — Pham-Ba-Mao à Qui-Noa.

Province de Quang-binh

ECRAN DE CHEMINÉE STYLE ANNAMITE, BOIS GO ET ROSE SCULPTÉ *à* 36 $ *la pièce*. — Atelier de sculpture Dônghoi.

ECRAN DE CHEMINÉE 3 FEUILLES EN GO SCULPTÉ AVEC ENCADRE-MENT BOIS ROSE, *à* 35 $ *la pièce*. — Atelier de sculpture Dônghoi.

Petite armoire annamite en bois Go, de rose et de santal sculpté, 20 $ *la pièce*. — Atelier de sculpture à Dông-hoi.

Plateau oval en bois de Go *à* 13 $ *et à* 14 $ *la pièce*. — Atelier de sculpture Dônghoi.

Coffrets a gants et a mouchoirs en bois de rose et de santal sculptés *à* 10 $, 11 $, 23 $ *et* 65 $ *la pièce*. — Atelier de sculpture Dônghoi.

Pieds de table pliante, 6 pans, tout en bois de rose sculpté, 20 $ *la pièce*. — Atelier de sculpture à Dông-hoi.

Pot a tabac en racine de bois de rose sculpté, 16 $ *la pièce*. — Atelier de sculpture Dônghoi.

Grand paravent, a feuilles, en Go sculpté avec encadrement en bois de rose, 45 $ *la pièce*. — Atelier de sculpture Dônghoi.

Boites a soucoupes, bois de rose *à* 3 $ *et à* 3 $ 50 *la boîte*. — Atelier de sculpture Dônghoi.

Vide-poche, bois Go sculpté *à* 8 $ *la pièce*. — Doàn-Diên au village de Truc-Ly (Quang-Ninh).

Tampon-buvard rose et santal sculpté *à* 2 $ *la pièce*. — Doàn-Diên au village de Truc-Ly (Quang-Ninh).

Coffrets a gants en santal *à* 5 $ *la pièce ; en santal avec encadrement en bois rose à* 5 $ 50 *la pièce*. — Nguyên-Tu au village de Lê-My (Quang-Ninh).

Plateaux bois Go sculpté *à* 7 $ *et à* 9 $ *la pièce*. — Nguyên-Tu au village de Lê-My (Quang-Ninh).

Province de Thua-thiên

Grande armoire bois Go sculpté, ancien style annamite *à* 90 $. — Biên-Kha, Menuisier à Hué (Citadelle).

FAUTEUILS BOIS GO SCULPTÉ *à* 14 $, 15 $ *et* 50 $ *la pièce.*
— Biên-Kha, Menuisier à Hué (Citadelle).

TABLE D'AUTEL BOIS GO SCULPTÉ *à* 50 $. — Biên-Kha, Menuisier à Hué (Citadelle).

Province de Quang-nam

LAMPADAIRES BOIS GO SCULPTÉ *à* 3 $ *la pièce.* — Luong-Luc au village de Kim-Bông-Tây (Duy-Xuyên).

Province de Binh-dinh

STATUETTES MOI BOIS MIT *à* 3$ *la paire.* — Nguyên-Quynh au village de Chân-Thành (Tuy-Phuoc).

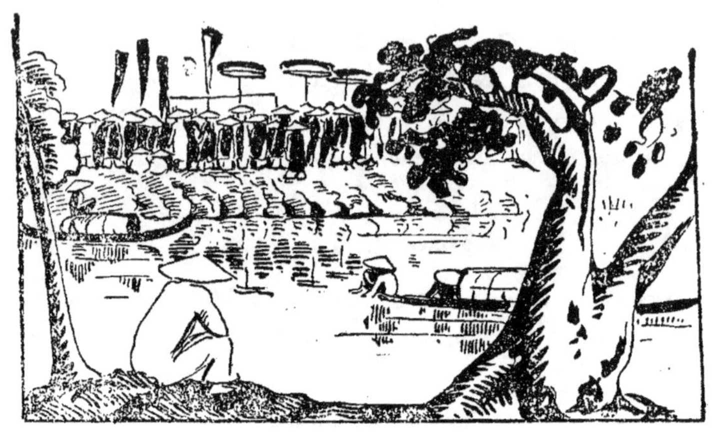

GROUPE III

□ □ □

MARBRERIE — PIERRERIE

□ □ □

Province de Thanh-hoa.

ELÉPHANT PRESSE-PAPIER EN PIERRE *à* 1 $ *la pièce.* — Lê-Tho à Dông-Son.

LION PRESSE-PAPIER EN PIERRE *à* 1 $ 50 *la pièce.* — Lê-Tho à Dông-Son.

Province de Quang-nam

VASES A FLEURS EN MARBRE *à* 0 $ 80, 3 $, 3 $ 50, 4 $ *et* 6 $ la pièce. — Nguyên-Quynh au village de Quan-Khai (Diên-Bàn).

PRESSES-PAPIER EN MARBRE *à* 0 $ 60, 0 $ 80 *et* 2 $ *la pièce.* — Nguyên-Quynh au village de Quan-Khai (Diên-Bàn).

SERVICE A THÉ *à* 4 $ *et à* 6 $ *le service complet.* — Nguyên-Quynh au village de Quan-Khai (Diên-Bàn).

COUPES EN MARBRE *à* 0 $ 20, 0 $ 60, 0 $ 80 *et* 1 $ *la pièce.* — Nguyên-Quynh au village de Quan-Khai (Diên-Bàn).

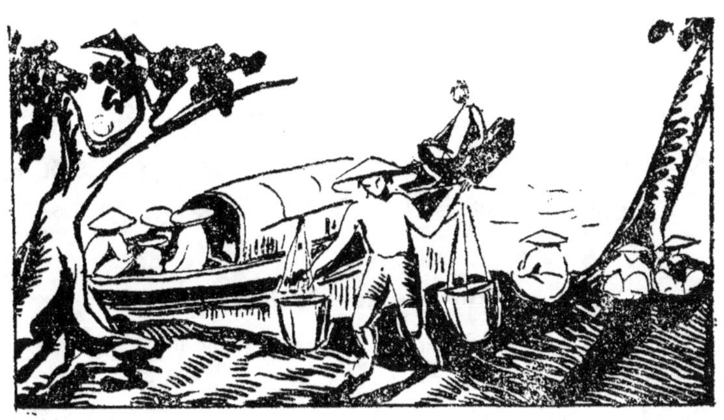

GROUPE IV

□ □ □

CUIVRE. — ARGENT. — BRONZE. — FONTE

□ □ □

Province de Thanh-hoa.

FOURNEAUX EN FONTE *à* 1 $ 20 *la pièce*. — Nguyên-Van-Dông
à Yên-Dinh.

Province de Nghê-an

COLLIER EN ARGENT *à* 6 $ *la pièce*. — Lang-Van-Câm à Dông-
Lac.

BOUCLES D'OREILLES EN ARGENT *à* 0 $ 20 *la paire*. — Lang-
Van-Câm à Dông-Lac.

BRACELET EN ARGENT *à* 1 $ 40 *la pièce*. — Lang-Van-Câm à
Dông-Lac.

BAGUE EN ARGENT *à* 0 $ 20 *la pièce*. — Lang-Van-Câm à
Dông-Lac.

Province de Quang-tri

MARMITES EN CUIVRE AVEC COUVERCLE *à* 2 $, 3 $, 5 $ 50 *et* 6 $ 50 *la pièce*. — Nguyên-Son et Nguyên-Cân à Cam-Lô.

Province de Thua-thiên

VASE EN CUIVRE *à* 5 $ *la pièce*. — Nguyên-Tuân à Phuong-Duc près Hué.

SUJETS EN CUIVRE REPRÉSENTANT LES « PHUC, LOC, THO », *à* 5 $ *la pièce*. — Nguyên-Tuân à Phuong-Duc près Hué.

SUPPORT DE PORTE-PLUME EN CUIVRE *à* 3 $ *la pièce*. — Nguyên-Tuân à Phuong-Duc près Hué.

PRESSES-PAPIER EN CUIVRE *à* 1 $ 80, 2 $ *et* 2 $ 20 *la pièce*. — Nguyên-Tuân à Phuong-Duc près Hué.

SÉRIE ARMES DE CULTE EN CUIVRE *à* 20 $, *la série*. — Nguyên-Tuân à Phuong-Duc près Hué.

BOITE A POUDRE EN BOIS MIT LAQUÉ GARNITURE ARGENT DORÉ, 60 $. — M. Hoè bijoutier à Dông-Ba (Hué).

VASE A FLEURS EN ARGENT CISELÉ, 30 $. — M. Hoè bijoutier à Dông-Ba (Hué).

ECRAN EN ARGENT CISELÉ, GARNI D'OR, AVEC DES PLAQUES D'IVOIRE ET DE JADE D'UNE VALEUR DE 650 $. — Nguyên-Si dit Nho, bijoutier à Gia-Hôi (Hué).

Province de Kontum

CLOCHETTE EN BRONZE *à* 0 $ 05 *et à* 0 $ 50 *la pièce*. — Mois de Dak-Tô.

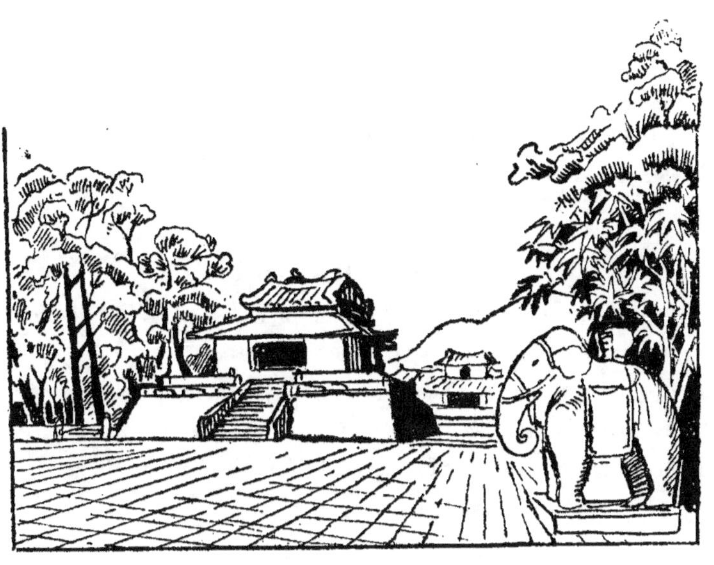

GROUPE V

□ ❏ ❏

POTERIE

□ ❏ ❏

Province de Nghê-an

CARAFE ET CUVETTE EN TERRE CUITE à 0 $ 15 *la pièce*. — Nguyên-Thi-Duong à Luu-Hiên (Anh-Son).

POT A FLEURS EN TERRE CUITE à 0 $ 24 *la pièce*. — Nguyên-Thi-Duong à Luu-Hiên (Anh-Son).

FOUR EN TERRE CUITE à 0 $ 04 *la pièce*. — Nguyên-Thi-Duong à Luu-Hiên (Anh-Son).

Province de Hà-tinh

VASE A FLEURS EN TERRE CUITE à 0 $ 50 *la pièce*. — Trân-Khuu et Phan-Ung à Câm-Trang (Duc-Tho).

CARAFON EN TERRE CUITE *à* 0 $ 10 *la pièce.* — Trân-Khuu et Phan-Ung à Câm-Trang (Duc-Tho).

VASE A ALCOOL *à* 0 $ 20 *la pièce.* — Trân-Khuu et Phan-Ung à Câm-Trang (Duc-Tho).

Province de Quang-binh

THÉIÈRE TERRE CUITE *à* 0 $ 40 *la pièce.* — Ly-Truong du village de Ngoa-Cuong (Quang-Trach).

POT A CHAUX *à* 0 $ 20 *la pièce.* — Ly-Truong du village de Ngoa-Cuong (Quang-Trach).

BOITE A THÉ *à* 0 $ 20 *la pièce.* — Ly-Truong du village de Ngoa-Cuong (Quang-Trach).

Province de Thua-thiên

POT A CHAUX *à* 0 $ 15 *et à* 0 $ 50 *la pièce.* — Lê-Nam à Nam-Thanh (Huong-Trà).

POSE PORTE-PLUMES *à* 0 $ 50 *la pièce.* — Lê-Nam à Nam-Thanh (Huong-Trà).

CRAPAUD TERRE CUITE *à* 0 $ 15 *la pièce.* — Lê-Nam à Nam-Thanh (Huong-Trà).

Province de Binh-dinh

GARGOULETTE *à* 0 $ 50 *la pièce.* — Nguyên-Hông-Tiêm à An-My (Phu-My).

CIGOGNES PORTE-PLUMES *à* 0 $ 40 *la pièce.* — Nguyên-Hông-Tiêm à An-My (Phu-My).

CRAPAUD PORTE-CURE-DENTS *à* 0 $ 15 *la pièce.* — Nguyên-Hông-Tiêm à An-My (Phu-My).

LION TERRE CUITE *à* 0 $ 30 *la pièce.* — Nguyên-Hông-Tiêm à An-My (Phu-My).

OISEAUX TERRE CUITE *à* 0 $ 30 *la pièce.* — Nguyên-Hông-Tiêm à An-My (Phu-My).

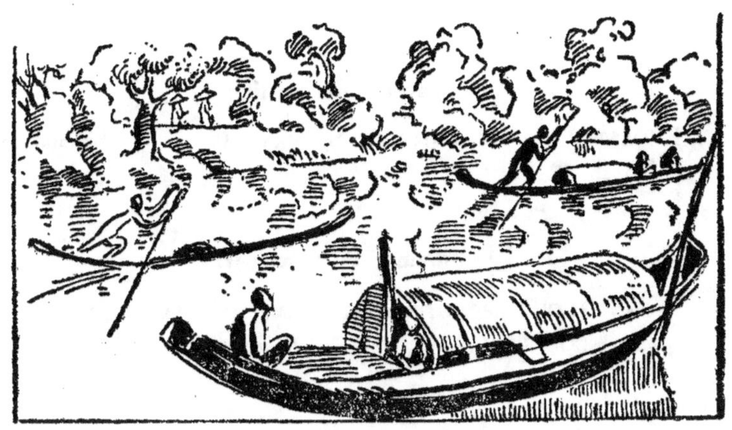

GROUPE VI

□ □ □

BAMBOU ET ROTIN

□ □ □

Province de Thanh-hoa.

TABOURET EN ROTIN *à* 0 $ 50 *la pièce*. — Lê-van-Thiêu à Nhu-Xuân.

Province de Nghê-an

DIVERS OBJETS EN BAMBOU CISELÉ VALANT *de* 0 $ 50 à 4 $ 00 *la pièce*. — Dang-Tang à Lôc-Hai (Nghi-Lôc).

STORE EN BAMBOU *à* 20 $ 00 *la pièce*. — Hoàng-Mai-Cu à Van-Phân (Phu de Diên-Châu).

CAY LUI *à* 0 $ 02 *et* 0 $ 03 *la pièce*. — Lang-van-Tâm à Kim-Diên (phu de Qui-châu).

DIVERS RATICLES EN ROTIN TRESSÉ VALANT *de* 0 $ 10 à 2 $ 50 *la pièce*. — Dâu-van-Long à Vinh.

Province de Ha-tinh

ECHANTILLONS DE ROTIN ET DE CAY LUI. — Habitants de Thach-Hà.

Province de Quang-tri

ECHANTILLONS DE ROTIN : MAY CAM, MAY TAT, MAY DANG, MAY NUOC ET MAY RA. — Xa-Quoat à Làng-Quat (Huong-Hoa).

Province de Thua-thiên

OREILLER EN ROTIN *à* 1 $ 00 *la pièce*. — Phan-Thân à Kim-Luông (Huê).

Province de Kontum

PANIER EN BAMBOU *à* 0 $ 80 *et à* 1 $ 00. — Moïs de Cheo-Reo et de Dak-Tô.
ETUI EN ROTIN *à* 1 $ 00 *la pièce*. — Moïs de Cheo-Reo et de Dak-Tô.

Province du Haut-Donnai.

HOTTE MOI *à* 1 $ 00 *et à* 3 $ 00 *la pièce*.

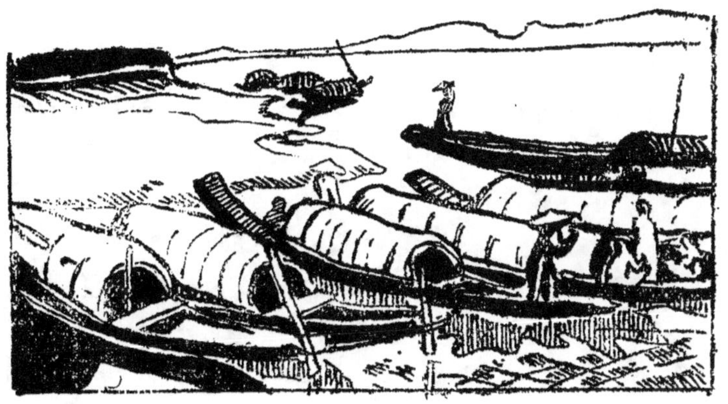

GROUPE VII

□ □ □

FIBRES. — TEXTILES. — NATTES. — HAMACS

□ □ □

Province de Thanh-hoa

COTON ÉGRÉNÉ *à* 0 \$ 40 *le kilogr.* — Lê-van-Vuong à Yên-Dinh.

Province de Nghê-an

SAC EN CHANVRE *à* 0 \$ 80 *et à* 1 \$ 20 *la pièce.* — Ngô-Thành à Xuân-Lôi (Diên-Châu).

HAMAC *à* 1 \$ 60 *et* 1 \$ 80 *la pièce.* — Nguyên-van-Hành à Nghia-Dàn.

NATTE à 0 $ 45 *la pièce*. — Trân-van-Du à Yên-Luu (Hung-Nguyên).

Province de Hà-tinh

HAMAC à 7 $ 00 *et à* 8 $ 00 *la pièce*. — Nguyên-Trân à Vinh-Hoà (Thach-Hà).

BRISE-BISE à 5 $ 00 *la pièce*. — Lê-Vinh à Vinh-Hoà (Thach-Hà).

TAPIS à 2 $ 00, 3 $ 00 *et* 5 $ 00 *la pièce*. — Nguyên-Cu à Vinh-Hoà (Thach-Hà).

Province de Binh-dinh

MATELAS POUR CHAISE à 1 $ 20 *la pièce*. — Dinh-Tuong et Nguyên-Niêm à Tân-Long (An-Nhon).

ECHANTILLONS DE CORDE DE COCO. — Nguyên-Dat à Cuu-Loi.

Province de Kontum

COUVERTURE MOI à 2 $ 00, 3 $ 00, 4 $ 00 *et* 10 $ 00 *la pièce*. — Moïs de Cheo-Reo.

TAPIS D'ÉCORCE à 1 $ 00 *la pièce*. — Moïs de Đak-Tô.

CEINTURE MOI à 6 $ 00 *et* 8 $ 00 la pièce. — Moïs de Dak-Tô.

ECHANTILLON DE FILS DE CHANVRE. — Moïs de Dak-Tô.

Province du Haut-Donnai.

COUVERTURE MOI à 1 $ 00 *la pièce*. — Moïs de Djiring.

NATTE MOI à 1 $ 00 *la pièce*. — Moïs de Djiring.

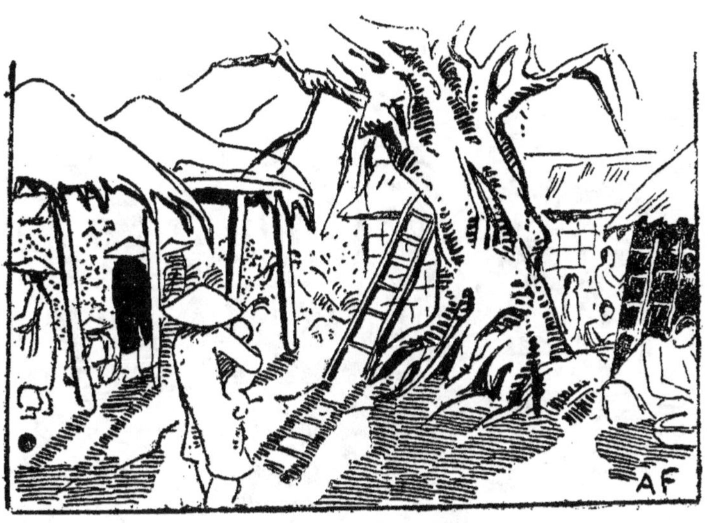

GROUPE VIII

□ □ □

CHAPELLERIE. — CHAUSSURE

□ □ □

Province de Thua-thiên

CHAPEAU EN FEUILLE *à* 0 \$ 80 *la pièce*. — Nguyên-van-Viên à Phuoc-Qua.

BABOUCHES BROCHÉES POUR HOMME, FEMME ET FILLETTE *à* 0 \$ 60 et 0 \$ 80 *la paire*. — Pham-Em au 1er quartier (Huê).

SANDALES EN COIR DE COCO *à* 0 \$ 10, 0 \$ 10 *et* 0 \$ 30 *la* 0 \$ 80 *la paire*. — Pham-Em au 1er quartier (Huê).

SABOT POUR HOMME ET POUR FEMME *à* 0 \$ 15 *et* 0 \$ 30 *la paire*. — Pham-Em au 1er quartier (Huê).

Province de Binh-dinh

CHAPEAU « GO-GANG » *à* 2 \$ 30 *et à* 4 \$ 5Q *la pièce*. — Lê-Ba à Phu-Da et Nguyên-Lu à Phu-Gia.

SANDALES EN COIR DE COCO *à* 0 \$ 10, 0 \$ 20 et 3 \$ 30 *la* paire Nguyên-Môn à Tài-Luong (Hoài-Nhon).

Province de Kontum

CHAPEAU MOI *à* 0 \$ 50 *et* 1 \$ 00 *la pièce*. — Moïs de Cheo-Reo et Dak-Tô.

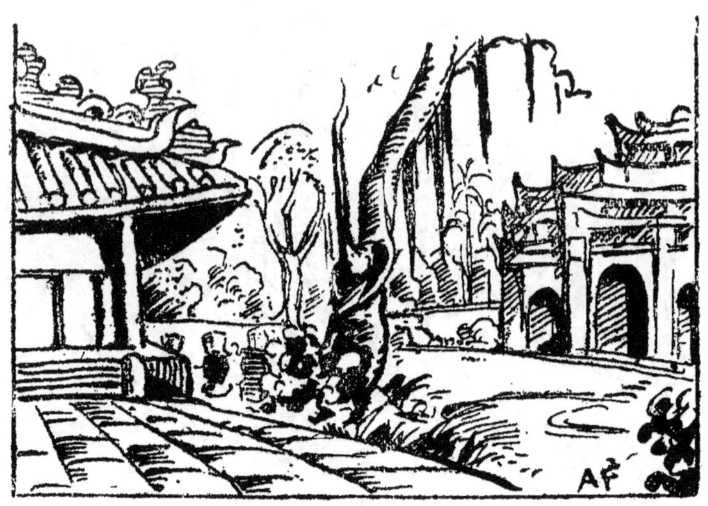

GROUPE IX

□ □ □

AQUARELLES. — PEINTURE. — BIMBELOTERIE

□ □ □

Province de Thanh-hoa

TABLEAU APPLICATION PAILLE EN DIFFÉRENTES DIMENSIONS à 2 $ 50 *et à* 5 $ 00 *la pièce.* — Pham-nhu-Xuân à Thiêu-Hoa.

Province de Quang-tri

PRESSE-PAPIER CORNE BUFFLE *à* 0 $ 20 *la paire.* — Phan-Nam et Phan-Son à Dông-Hà.

BACUETTES EN CORNE BUFFLE *à* 0 $ 05 *la paire.* — Phan-Nam et Phan-Son à Dông-Hà.

BOITE CORNE BUFFLE *à* 0 $ 30 *la pièce.* — Phan-Nam et Phan-Son à Dông-Hà.

Province de Thua-thiên

TABLEAUX PEINTS A L'HUILE SUR TOILE *à* 0 $ 70 *et à* 1 $ 20 *la pièce*. — Ung-Mông au marché d'An-Cuu près Huê.

TABLEAU NACRÉ SUR VERRE CADRE BOIS GO *à* 4 $ 00 *la pièce*.. — Tôn-thât-Cân au 5ᵉ quartier Huê.

SENTENCES PARALLÈLES PEINTURE SUR VERRE *à* 4 $ 00 *la pièce*. Tôn-thât-Cân au 5ᵉ quartier Huê.

FRANGE GRAINS PERLE POUR DÉCORATIONS ANNAMITES *à* 0 $ 40 *et* 0 $ 60 *la pièce*. — Trân-ba-Thai au village de Thai-Trach (Citadelle).

ACCESSOIRES DE PLAQUETTE DE MANDARIN *à* 0 $ 35 *la pièce*. Trân-ba-Thai au village de Thai-Trach (Citadelle).

PORTE-CURE-DENTS EN OS DE POISSON *à* 0 $ 20 *la pièce*. — Trân-Gian au 7ᵉ quartier Huê.

FUME-CIGARETTES EN OS DE POISSON *à* 0 $ 15 *la pièce*. — Trân-Gian au 7ᵉ quartier Huê.

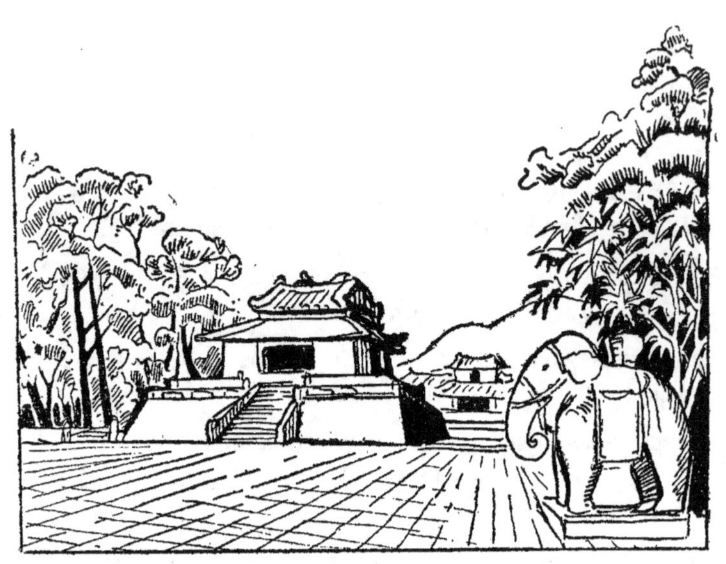

GROUPE X

□ □ □

ARMES ET MUNITIONS

□ □ □

Province de Thanh-hoa

ARBALÈTE *à* 1 $ 00 *la pièce*. — Pham-ba-Môc à Quan-Hoa.

COUTEAU DE CHASSE *à* 1 $ 00 *la pièce*. — Lê-van-Chiên à Lang-Chanh.

FUSIL MUONG *à* 20 $ 00 *la pièce*. — Pham-ba-Tiêu à Ngoc-Lac.

COUPE-COUPE *à* 6 $ 00 *la pièce*. — Lê-xuân-Ky à Lang-Chanh.

LANCE *à* 1 $ 20 *la pièce*. — Lê-xuân-Ky à Lang-Chanh.

ARCS *à* 0 $ 50 *la pièce*. — Lê-xuân-Ky à Lang-Chanh.

Province de Kontum

LANCE SÉDANG *à* 1 $ 00 *la pièce*. — Moïs de Dak-Tô.

CARQUOIS AVEC FLÈCHES *à* 0 $ 80 *la paire*. — Moïs de Dak-Tô.

COUPE-COUPE *à* 0 $ 50 *et* 0 $ 70 *la paire*. — Moïs de Dak-Tô.

ARBALÈTE *à* 0 $ 50 *et* 0 $ 60 *la pièce*. — Moïs de Dak-Tô.

SABRE *à* 4 $ 00 *la pièce*. — Moïs de Dak-Tô.

LANCE *à* 1 $ 50 *la pièce*. — Moïs de Dak-Tô.

Province du Haut-Donnai.

COUPE-COUPE DE GUERRE *à* 1 $ 50 *la pièce*.

ARBALÈTE AVEC FLÈCHES ET CARQUOIS *à* 1 $ 00 *la pièce*.

LANCE *à* 1 $ 50 *et* 2 $ 00 *la pièce*.

SABRE DE GUERRE *à* 4 $ 00 *la pièce*.

POIGNARDS *à* 1 $ 50, 2 $ 00 *et* 2 $ 50 *la pièce*.

INSTRUMENTS DE MUSIQUE *à* 0 $ 80 *et* 1 $ 00 *la pièce*.

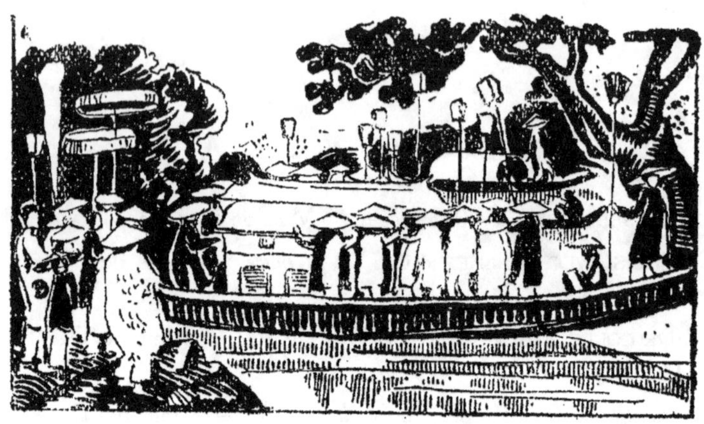

GROUPE XI

□ □ □

BAUMES. — RESINES. — CIRE. — ESSENCES. — HUILES

□ □ □

Province de Thanh-hoa.

STICK-LAC à 0 $ 64 *la kilogr.* — Pham-ba-Xich à Quan-Hoa.

CIRE D'ABEILLES à 1 $ 00 *la kilogr.* — Tham-thuc-Tiêu à Ngoc-Lac.

Province de Nghê-an

ECHANTILLON DE CU-NAU. — Lang-van-Cân à Tuyên-Nham (Qui-Châu).

STICK-LAC à 0 $ 70 *le kilogr.* — Lang-van-Ca à Quang-Phong (Qui-châu).

Province de Hà-tinh

CIRE D'ABEILLES à 0 $ 30 *et* 0 $ 75 *le pain.* — Hoàng-Dàm à Xuân-Son (Ky-Anh).

Province de Thua-thiên

ANTISANGSUE *à* 0 $ 70 *le flacon*. — M. Murat industriel à Huê.

HUÉNOL *à* 0 $ 75 *le flacon*. — M Murat industriel à Huê.

ESSENCE DE' CAJEPUT JECTIFIÉ *à* 3 $ 50 *la bouteille*. —
M. Husson à Huê.

SSSENCE DE CAJEPUT BLANCHE ET VERTE *à* 3 $ 00 *la bouteille*.
— M. Husson à Huê.

Province de Binh-dinh

HUILE DE COCO *à* 0 $ 20 *le titre*. — Nguyên-Dat à Cuu-Loi
(Hoài-nhon).

Province de Kontum

CIRE VIERGE *à* 0 $ 05, 0 $ 10 *et* 0 $ 80 *le pain*. — Moïs de
Cheoreo.

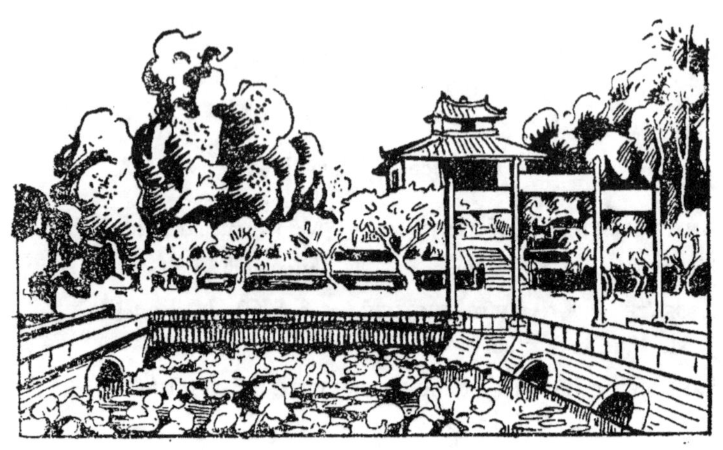

GROUPE XII

□ □ □

PRODUITS ALIMENTAIRES

□ □ □

Province de Nghê-an

SAUMURE *à* 0 $ 50 *et* 0 $ 70 *la bouteille.* — Société Ngu-Hàm
à Van-Phân par Phu-Diên.

Province de Quang-ngai

SUCRE BLANC QUALITÉ EXTRA *à* 0 $ 26 *le kilogr.* — Dô-Nên
à Van-Tuong (Quang-Ngai).

SUCRE EN TABLETTE 1ʳᵉ QUALITÉ *à* 0 $ 37 *le kilogr.* — Dô-Nên
à Van-Tuong (Quang-Ngai).

SUCRE CANDI *à* 0 $ 33 *le kilogr.* — Dô-Nên à Van-Tuong
(Quang-Ngai).

Province de Binh-dinh

NAGEOIRES DE POISSON *à* 9 $ 50 *le kilogr.* — Hùynh-Khoa à
Thanh-Xuân (Hoài-Nhon).

VERMICELLE SONG-THAN *à* 0 $ 90 *le kilogr.* — Lê-Xa à My-
Thành (An-Nhon).

VERMICELLE HO-TIÊU *à* 0 $ 22 *le kilogr.* — Hà-Luc à Phong-
An (Phù-Cat).

FARINE DE HARICOT *à* 0 $ 75 *le kilogr.* — Lê-Xa à My-Thành
(Au-Nhon).

Province de Binh-thuan

NUOC-MAM *à* 0 $ 25, 0 $ 35 *et* 0 $ 40 *la bouteille.* — Société
Liên-Thành à Thiên-Duc.

NUOC-MAM *à* 0 $ 25 *et* 0 $ 40 *la bouteille.* — Hô-Vinh à
Muiné.

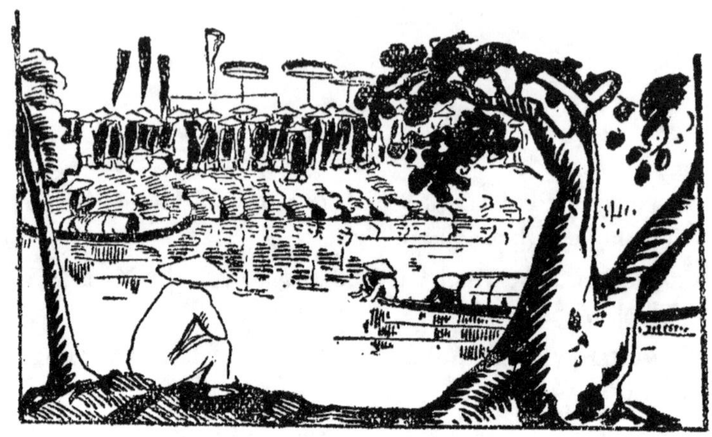

GROUPE XIII

□ □ □

EPICES ET CONDIMENTS

□ □ □

Province de Thanh-hoa

CANNELLE ROYALE *à* 30 $ 00 *le fragment.* — Quan châu de Thuong-Xuân.

Province de Nghê-an

PIMENT *à* 0 $ 20 *le kilogr.* — Huyên de. Thanh-Chuong.

Province de Quang-tri

POIVRE BLANC *à* 3 $ 44 *le kilogr.* — Nguyên-Tân Lê-Môn (Gio-Linh).

POIVRE BLANC *à* 3 $ 44 *le kilogr.* — Nguyên-Tân Lê-Môn (Gio-Linh).

THÉ DE HUÊ *à* 0 $ 20 *le kilogr.* — Trinh-Kinh à Bai-An (Gio-Linh).

CAFÉ *à* 1 $ 60 *le kilogr.* — Trân-Luong à Cho-Huyên-Vinh-Linh).

Province de Quang-nam

THÉ NOIR *à* 0 $ 90 *et* 1 $ 10 *le kilogr.* — Dinh-Thành à Tung Son (Hoà-Vang).

CANNELLE *à* 1 $ 00 *le kilogr.* — Trân-Tu à Phuoc-Loi (Tam Ky).

Province de Quang-ngai

CANNELLE *à* 3 $ 00 *et* 4 $ 25 *le kilogr.* — Pham-van-Phung à Trà-Bông.

Province de Kontum

CANNELLE *à* 0 $ 50 *le paquet.* — Dak-Tô.

TABAC *à* 0 $ 05 *et* 0 $ 10 *le paquet.* — Cheoreo.

Province du Haut-Donnai.

ECHANTILLON DE CAFÉ. — Jardin de la Délégation de Djiring

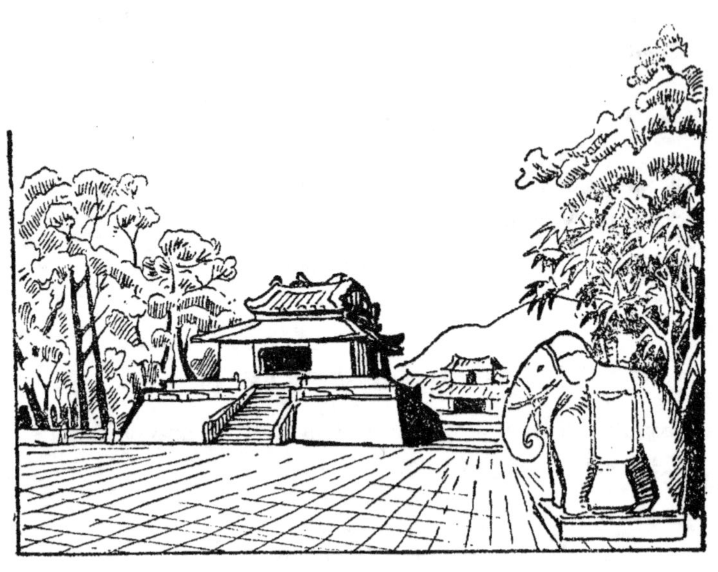

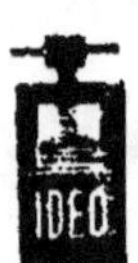